LES
EFFETS DE LA HAINE
ET
DE LA CONSTANCE;
OU
ASMODÉE DIABLE BOITEUX,

Comédie, Opéra-féerie en profe & en trois actes.

La Mufique de la compofition du Sr. GUILL-
MINO; les paroles du Sr. VERTEUIL l'aîné:
Repréfentée par les Comédiens de Touloufe
en l'année 1777, ainfi qu'à Marfeille, la
même année.

Permis d'imprimer dans ces deux Villes.

La Mufique non gravée en puiffance des Auteurs.

1779.

AVANT-PROPOS.

IL y a deux ans que j'étois habitant de Toulouse, faisant partie des Acteurs qui composoient la Troupe : comme il est en moi de ne me trouver bien qu'où je ne suis pas, je n'y passai que huit mois, n'y étant venu qu'à tiers d'année. J'eus le chagrin d'y voir mourir un Acteur comique plus adoré qu'adorable, idolâtré douze ans, oublié dans trois semaines : c'est la regle. Parmi les différens ravages que causa le vent d'Otan l'hiver de 1777, il acheva de me rendre fou : ma folie n'étoit pas dangereuse : elle me permettoit encore de voir mes amis. J'en avois un dans le nombre de mes camarades, compositeur agréable, dont le talent étoit reconnu. Il lui falloit un auteur pour lui fournir un sujet d'opéra. Il me donna la préférence sur quelques épigrammes, chansonnettes, &c. que je croyois de moi. La bonne foi nous sauve ; le hazard me fit trouver sous la main le Roman de *Le Sage*, pépiniere charmante, dans laquelle un de nos Auteurs modernes, qui mérite bien d'être ancien, fit emplette de

AVANT-PROPOS.

quelques arbres nains, qu'il a plantés dans de bonne terre, & que le Public a arrosés. Ce Roman me fournit l'idée du *Diable boiteux*. Le secours de la féerie que l'on se permet à présent dans le genre lyrique pour la commodité du génie; l'envie de jouir; tout concourut à me rendre auteur en diligence. Les mêmes motifs échaufferent le compositeur; au bout de deux mois, nous eûmes le plaisir de voir l'effet de nos productions & leurs succès. Les Directeurs du Spectacle de Toulouse acheterent la piece à l'essai, & la payerent très-bien pendant une suite de Représentations. Le zèle des Acteurs & Musiciens fut aussi chaud que nos verves. Après avoir retouché cet ouvrage, je l'ai fait imprimer à mes dépens; & je le dédie à celui qui n'aura rien de mieux à faire qu'à lire un Conte ou un Opéra. Et je suis son très-humble serviteur,

VERTEUIL.

PERSONNAGES.

Dⁿ. LOUIS pere de Léonor.   M. *Regnaul.*

Dⁿ. CLÉOFAS amant de Léonor.   M. *Petit.*

Dⁿ. OCTAVIO autre amant dédaigné de Léonor.
    M. *Berville.*

ASMODÉE génie protecteur de Cléofas. Mˡˡᵉ *Olivier.*

LAZARILLE valet de Cléofas.   M. *Guillmino.*

GILBLAS intriguant,   M. *Verteuil l'aîné.*

Premier SPADASSIN pillaros.   M. *Canot.*

Second SPADASSIN.   M.

Un CUISINIER } *Ces deux rôles peuvent se doubler par les deux Spadaffins pour la convenance des voix.* } de la maison de Cléofas.
Un COCHER }

Deux FEMMES de chambre } Mᵉ.
                                  Mᵉ.

Dⁿᵃ LÉONOR (Mˡˡᵉ *la Suze*), fille de Dⁿ. Louis, amante de Cléofas.

ISABELLE femme de chambre } Mᵉ. *Bonni.*
                                de Léonor.
Autre femme de chambre } Mᵉ.

Un LAQUAIS parlant de Dⁿ. Louis.

Plusieurs Laquais portant des flambeaux.

La scène est à Madrid.

ASMODÉE,
DIABLE BOITEUX.

Le Théâtre repréſente le derriere du Palais de Don Louis, dans un quartier iſolé de la Ville de Madrid. Il eſt environ minuit.

ACTE PREMIER.
SCENE PREMIERE.
OCTAVIO. GILBLAS.

OCTAVIO.

GILBLAS, me dis-tu vrai? Cléofas ſerait de retour?

GILBLAS.

Depuis trois jours, Seigneur Octavio, on l'a revu à Madrid plus ſuperbe & plus paſſionné que jamais; il vient recueillir l'héritage immenſe que lui a laiſſé ſon pere; le bruit court qu'il lui ſuccédera dans la place qu'il occupait à la Cour; on le deſire fort; dès que je l'ai ſû en ville, j'ai volé à la terre de votre oncle pour vous porter un avis ſi intéreſſant, & j'ai été ſurpris de ne vous y pas trouver.

OCTAVIO.

Je n'ai pas quitté Madrid. Une légere indisposition me faisait garder ma chambre.

GIL BLAS.

Vous vous êtes donc fait céler. On m'a dit chez vous que vous n'y étiez pas, ce qui m'a fait prendre le parti d'aller vous chercher à la terre de Don Louis; je vous manquais encore, si je ne vous eusse rencontré par hasard.

OCTAVIO.

Quel incident ! Cléofas de retour ! Au moment où j'allais m'assurer de tout ce que j'aime ; je connois la passion de ce rival d'autant plus dangereux qu'il a su plaire : mais ne me cache rien ; a-t-il vu Léonor depuis son retour ? J'ai tout à craindre de l'absence de mon oncle, de la séduction que Cléofas aura employée auprès des gens de sa maison. Parle, encourage ma vengeance ; que soupçonnes-tu ? Que sais-tu ?

GIL BLAS.

Rien de consolant pour vous. Hier en buvant avec Lazarille son valet, je le fis jaser ; il me dit ces propres mots : "Nous revenons à Madrid mon maître " moi à dessein de nous y marier, & cela ne tardera " pas." Qui plus est, j'ai vû ce matin Cléofas en conversation au prado avec le Notaire Pedro. Vous savez qu'il ne s'occupe plus maintenant qu'à faire des mariages bons ou mauvais, pourvû qu'ils rapportent.

OCTAVIO.

Tu m'en as dit assez. Je n'ai pas de tems à perdre, je vais m'introduire chez mon oncle, j'en ai les moyens; la nuit me favorise, j'ai lieu de redouter cette nuit une entreprise audacieuse de mon odieux rival ; je

ACTE PREMIER.

veux le prévenir, je me défie de tout le monde. Je n'ai dans la maison que la gouvernante qui me soit affidée, mais sa cupidité me fait trembler. Retire-toi, je me rendrai demain de grand matin chez moi, tu m'y trouveras.

SCENE II.

OCTAVIO seul.

Suite funeste d'un amour violent & méprisé. Après trois années de persévérance, je voyois un rayon d'espoir; il m'est enlevé. Léonor... Cléofas; cruelles ennemies de mon repos.. Est-ce l'amour.. la haine.. ou la jalousie qui m'animent?.. n'importe.. je me livre en aveugle aux mouvemens d'un cœur désespéré. Oui.. le moyen le plus sûr est de tout entreprendre, le succès suit l'audace; mon hommage méprisé, l'absence de mon oncle, tout autorise ma démarche. Entrons, malheur à mon rival s'il ose pénétrer en ce palais; je jouis d'avance du plaisir de le sacrifier à ma haine.

Il entre dans le palais de Don Louis. Cette Scene est une espèce de prologue nécessaire, & demande à être jouée à demi-voix.

SCENE III.

LAZARILLE, seul, une lanterne à la main.

Au Diable soit le vent, voilà ma lanterne éteinte.... la nuit est bien ténébreuse.... pas une étoile.... à la fin je me reconnais. Oui.... me voilà, si je ne me trompe, derriere le palais de Don Louis. La célèbre ville de Madrid est plongée dans le plus profond silence. Les soupirans ont beau jeu, leurs guitarres donnent actuellement bien du fil à retordre aux maris & aux Duëgues: Voici un tems favorable au projet du Seigneur Cléofas mon patron. Quel plaisir de revoir une amante adorée après deux ans d'absence! Il vient de s'introduire chez Léonor (en tout bien tout honneur) à l'aide d'une échelle à bonne fortune & d'une amoureuse impatience; la partie devait être quarrée, mais je me suis senti moins de courage que de tendresse. D'ailleurs les rendez-vous nocturnes m'ont été jadis funestes, & comme il m'avait armé de pied-en-cap en cas de surprise, cet appareil m'a fait faire réfléxion qu'il n'était pas d'un galant homme de combattre avec certitude de vaincre; & lorsque j'étais au dernier échelon, j'ai fait semblant de me laisser choir, & par cette petite supercherie, j'ai mis mon amour propre & mon corps à l'abri des événemens: mon maître est hasardeux, moi je suis prudent; je me défie de cette maudite gouvernante à qui il s'est confié. Don Louis pere de Léonor nous hait en perfection, & malheur à nous si l'on nous trahit; tout coup vaille, me voilà en plaine.

ARIETTE.

J'ai de l'amour,
J'ai du courage,
Mais je ne me bats pas de nuit;
Mon maitre fait tête à l'orage,
Il est brave, chacun le dit;
Quand je jure à mon Isabelle
Que je voudrais mourir pour elle,
Elle gémit,
Elle pâlit.
Pourquoi donc effrayer ma belle
En bravant la pointe cruelle?
La mort ne fait pas crédit,
Il faut la payer en tout tems,
Quand on est mort, c'est pour long-tems.

ACTE PREMIER.

J'entends une voiture.. cette rue n'est pas fréquentée... à l'heure qu'il est, qui pourrait-ce être? Elle s'arrête,... cachons-nous, ces gens n'ont peut-être pas besoin de témoins; cette place obscure me met à même d'écouter. Oh! Si c'était quelqu'aventure galante, j'en ferais mon profit en donnant ma discrétion au plus offrant.

(*Il se cache dans la 1re. coulisse à gauche.*)

SCENE IV.

DON LOUIS, 2 Spadassins, LAZARILLE *caché*, plusieurs Laquais de Don Louis *portant des flambeaux*.

DON LOUIS.

Gusman, que ma voiture ne s'éloigne pas & que mes gens me suivent. Eteignez vos flambeaux, n'en gardez qu'un, mes enfans; mon affront est avéré, l'infame Cléofas doit me déshonorer cette nuit..... suivez-moi, il faut que son sang lave ma honte, soyez sûr d'une récompense proportionnée à votre zèle. Il est peut-être à l'heure même dans mon palais: je vais vous introduire secrétement..... Fille indigne du jour! Tu me couvres d'opprobres: mais la perte de ton vil amant est le moindre des maux que ma colère te prépare.

Premier Spadassin.

Seigneur, vous rendrez justice à la valeur du Signor Pillaros de la Rondache, ainsi qu'à la mienne, en les mettant aux prises contre l'intrépide Cléofas: cependant si l'avis qu'on nous donne est fidèle, il me semble que vous vous livrez trop vîte à votre ressentiment, la colère vous égare & peut vous compromettre. Perdons le coupable, j'en suis d'accord, mais évitons l'éclat. Il est des moyens sûrs fondés sur la prudence.

DON LOUIS.

Les plus prompts sont les plus sûrs: quoi! voulez-vous qu'une prudence mal-entendue le fasse encore échapper à ma vengeance ? c'est ce séducteur qui a donné lieu à l'événement qui m'attirait à la campagne. Il a séduit toute ma maison excepté ma fidelle gouvernante ; il aime avec violence ; sa passion ne connaît point d'obstacle & ma vigilance doit en prévenir les suites par sa perte. Je vais vous poster dans le jardin ; c'est le lieu du rendez-vous, j'en ai l'avis ; doutez-vous de la récompense que je vous promets ? Tenez, tenez, (*il leur donne de l'or*) hésitez-vous encore ?

TRIO.

Le 1er. Spadassin.	Don Louis.	2. Spadassin.
S'il faut l'assassiner,	Ah! c'est trop balancer,	Ah! c'est trop balancer,
Cela vaut davantage,	Satisfaites ma rage,	Satisfaisons la rage,
Comptez sur mon courage	Un pere qu'on outrage	D'un pere qu'on outrage,
Et je cours vous venger.	N'a rien à ménager.	Et courons le venger.

DON LOUIS.

Entrons par le jardin, nous y attendrons le perfide, il doit s'y rendre vers les deux heures, il ne pourra nous échapper. Mes amis! La vue d'une fille éplorée pourrait affaiblir mon ressentiment, volez au devant de ma haine, & si le coupable tombe entre vos mains, n'attendez pas mes ordres, & vengez mon honneur.

(*Ils entrent dans le palais, Lazarille sort du lieu où il était caché.*)

SCENE V.

ARIETTE.

O Ciel ! qu'ai-je entendu ?
C'en est fait, il est perdu,
Mon pauvre maître, ah ! quel dommage !
C'est un guêtapan je gage,
Je l'avais soupçonné,
J'en suis tout consterné.
Aimez, brûlez avec ardeur,
Maudit l'amour & sa faveur.

LAZARILLE.

Si je pouvais le tirer de là... on ne le croit pas encore dans le palais. Don Louis va l'attendre au jardin, heureusement qu'il a dévancé le rendez-vous. Mais voici, si je ne me trompe, un vitrage d'un cabinet tenant à l'appartement de Léonor ; s'ils étaient ensemble !.... Appellons-le, oui ! Mais si l'on m'entend du jardin, & que ses deux Pilleros de la Rondache.... n'importe, s'ils ont des bras j'ai des jambes. Seigneur Cléofas. Mon cher maître Seigneur Cléofas. Oh ! Diable..... il me croit dans le palais avec lui. Je soupçonne de la lumiere dans cet appartement.... parbleu il me vient une bonne idée ; prenons des pierres & cassons les vitres : c'est le seul moyen de me faire entendre, il se montrera peut-être & je pourrai le prévenir, mais les maudites grilles... n'importe il en passera toujours quelques-unes aux travers.

Il ramasse une pierre, casse une vitre. Léonor en dedans du cabinet au premier fait un cri.

SCENE VI.

LÉONOR.

Ah! Ciel!

ISABELLE.

Mademoiselle, éloignez-vous, je vous suis.

CLÉOFAS, *dans le cabinet.*

Léonor! ne me quittez pas. Quel est donc l'insolent?

LAZARILLE *dans la rue.*

C'est moi.

LÉONOR *en dedans.*

Isabelle ferme la porte du cabinet.

CLÉOFAS *à Lazarille qui est dans la rue.*

Comment donc, misérable, que fais-tu dans la rue? je t'ai cru dans ce palais avec moi. Pourquoi m'as-tu quitté?

LAZARILLE *à Cléofas que l'on doit voir à travers de la fenêtre grillée.*

Bien vous en prend, mon cher maître, vous êtes perdu. Tout est découvert, le pere de Léonor vient d'arriver en secret, il est entré dans le palais avec armes & bagages, je l'ai vû, nous sommes trahis, sauvez-vous comme vous pourrez. Ne passez par le jardin; l'on ne vous croit pas encore au rendez-vous, & l'on vous y attend pour vous tuer; c'est comme si vous l'étiez, car Don Louis a payé d'avance.

CLÉOFAS *dans le cabinet.*

Léonor! vous me fuyez. Qu'on m'ouvre cette porte.

ACTE PREMIER.

LÉONOR.

Taisez-vous, Cléofas, nous sommes trahis; j'entends mon pere, vous vous perdez.

CLÉOFAS.

Léonor!.. Je ne puis la sécourir! Qu'on m'ouvre cette porte.

LAZARILLE.

Oh! Ciel. Quel tintamare! S'il avait les clefs de la jalousie, il en serait quitte pour sauter par la fenêtre. Mon pauvre maître..... Mes gages... Chien d'amour! (*ici l'on doit voir Cléofas qui cherche à forcer les fenêtres.*) Léonor l'a enfermé dans le cabinet, il fait de vains efforts pour enfoncer la jalousie. Oh! Barricadez-vous... Sauvez-vous par la cheminée. Oh! Si j'étois à sa place, l'on n'aurait pas la peine de me tuer, j'en mourrais de peur.

Le morceau suivant s'exécute en quinque entre les deux Spadassins, Don Louis, Léonor en dedans du palais, & Lazarille dans la rue; la décoration doit être percée & placée le plus près du public qu'il est possible, représentant un grand balcon à l'espagnole, avec un grillage; ce balcon doit faire face au public, il est sensé être une galerie qui conduit à l'appartement de Léonor, lequel adapté à la seconde coulisse à droite de l'acteur, & représenter un balcon à jalousie tel que dans le Barbier de Séville. C'est de là que Cléofas est sensé se sauver par les toits, comme le conte le dit. L'on doit distinguer le premier étage & le rez-de-chaussée; le commencement du quinque laisse voir dans le haut les quatre acteurs chantans, c'est-à-dire, Don Louis, Léonor, les deux Spadassins, & Octavio dans le bas qui exprime en pantomime l'action d'un homme inquiet du bruit qu'il entend au-dessus de lui. Pendant le duo de fureur de Don Louis & de Léonor, les deux Spadassins gagnent le rez-de-chaussée, & découvrent Octavio qu'ils combattent le prenant pour Cléofas, ce qui donne du jeu à Lazarille qui voit l'action de la rue à la lueur des flambeaux des gens de la maison. L'on doit voir autant qu'il est possible blesser Octavio qui laisse échapper un cri de douleur à la replique que donne Lazarille dans le quinque, (la bravoure a fait son malheur) tous ces tableaux demandent un soin particulier & des nuances. La musique indique le reste.

{ Cette décoration peut se simplifier en ne mettant qu'un rez-de-chaussée ou galerie grillée, les deux actions peuvent se voir également en les séparant par une cloison qui prenne le milieu de la galerie; il n'y a qu'un théâtre parfaitement servi qui permet le second étage. }

QUINQUE.

Don Louis.

Cherchez par-tout le séducteur,
Et livrez-le à ma fureur.

Léonor.

Vous en voulez à sa vie,
Ah! C'est trop de barbarie.

Don Louis.

Ses jours sont en mon pouvoir.

Léonor.

Le sauver est mon devoir.

Lazarille dans la rue.

Sa bravoure a fait son malheur,
Ayez, ayez donc du cœur.

Les 2 Spadassins.

Enfonçons cette porte,
Main-forte, main-forte.

Lazarille.

J'entens la maudite escorte,
Qui va enfoncer la porte.

2. Spadassins.

Dans cet azile il se cache,
Volons & qu'on l'en arrache.

ACTE PREMIER.

Don Louis.

Fille ingrate, crains mon couroux.

Lazarille.

Pillaros de la Rondache,
Est le gredin à moustache.

Léonor.

Je me jette à vos genoux,
Cléofas, hélas! sauvez-nous.

(Il y a un duo entre Léonor & le pere, & la reprise du morceau d'ensemble.)

Voyez la suite à la partition.

Après le morceau d'ensemble, Lazarille reste stupéfait de ce qu'il a vû, & dit ce qui suit :

LAZARILLE.

Suis-je mort ou vivant ? Ma foi je ne sais. Est-ce mon maître que j'ai vû aux prises contre ces deux pourfendeurs à gages : quoi qu'il en soit il n'est pas prudent d'aller s'en informer. Oh ! Si l'on appelle cela une bonne fortune, j'y renonce.

Sauvons-nous vite à la maison;
Si je retrouve mon patron,
J'en bénis le sort favorable.
Que nous revient-il d'être aimable,
Caressans, pleins de valeur ?
Tant d'agrémens portent malheur.

Fin du premier Acte.

ACTE II.

SCENE PREMIERE.

CLÉOFAS, ASMODÉE *caché dans le vase.*

Le théatre repréfente un laboratoire de Chimifte, Phificien, Aftrologue, Magicien. L'on y doit voir quantité de fourneaux, creufets, alambics, globes, téléfcopes, des monftres deffèchés, des chofes propres au talifman, à la magie, &c. Le théatre ne doit être éclairé que par le feu des différens fourneaux. Cléofas doit entrer en fcene par une ouverture du toit qui s'écroule fous lui. Le vafe qui renferme Afmodée doit être en forme d'alambic, d'où il fort un conduit qui aboutit à une groffe fiole tranfparente, dans laquelle on doit voir le génie à moitié. Cette fiole s'éclaire & s'obfcurcit à mefure que le génie parle, & s'éteint lorfqu'il ceffe de parler : cet effet eft effentiel.

CLÉOFAS.

RÉCITATIF.

L'Amour me guide au milieu des ténèbres,
Je n'entends plus que des clameurs funèbres,
  Mon efprit eft frappé d'horreur
  Des cris d'une amante & d'un pere
  Et des accens de mort & de douleur.
  Ah ! mon état me défefpere.
Ai-je donc mérité le fort le plus affreux ?
  Le deftin me livre la guerre,
Un amant criminel ferait moins malheureux,
Mais le remords eft un juge févere.

ACTE SECOND.
ARIETTE.

Vieillard insensible,
Barbare,
Ta haine inflexible
T'égare :
Arme-toi contre mes jours ;
D'une amante irrite la peine,
Ton cœur connait trop la haine
Pour approuver un tendre amour.
A ta vengeance, à ta rage,
Je n'opposerai dans ce jour
Que la constance & le courage,
Que le courage & l'amour.

Que dis-je ! Je me fais illusion. Non, le bonheur est encore loin de moi... Trop tendre amante ! Me serais-tu ravie ?... Non, jamais ! Mais en quel lieu suis-je enfin ?.. Ah ! je m'en doute ; voici des creusets, des fourneaux allumés, cet endroit doit être habité. Se peut-il que mes plaintes n'ayent attiré personne ? J'ai bravé les dangers pour parvenir en ce lieu, j'ai senti mille fois les toits s'écrouler sous mes pas... mais Léonor ! Si ce vieillard cruel... Encore si j'avais pû la secourir ? Non, j'aurais hâté sa perte & la mienne.

ASMODÉE *sur le fourneau.*
Hélas !

CLÉOFAS.
Qu'entends-je ? Me trompai-je ?

ASMODÉE.
Ah !

CLÉOFAS.
Je ne suis pas seul ici. On soupire. M'aurait-on suivi ? Mettons-nous sur nos gardes. Bon, cela n'est

pas possible, mon esprit est rempli d'illusions, & les plaintes qui m'échappent me semblent éloignées & venir de quelqu'autre malheureux. Il en est peu dont le sort soit comparable au mien.

ASMODÉE.

Hélas ! Hélas !

CLÉOFAS.

Je ne me trompe pas. On m'écoute. On prend part à ma peine, ou l'on se plaît à jouir de mes plaintes. Pénétrons ce mystère.

,, Invisible créature, montrez-vous, qui que vous
,, soyez ; ne redoutez rien. Vous êtes sans doute un
,, être compatissant. Vous me plaignez. Seriez-vous ainsi
,, que moi victime d'un amour malheureux ? Paraissez.

ASMODÉE *langoureusement.*

Cela m'est impossible.

DUO.

Cléofas.	*Asmodée.*
Impossible,	Impossible,
Rendez-vous plus intelligible,	Cavalier bienfaisant
Mon sort est des plus rigoureux ;	Prenez part à ma peine,
Mais mon ame est tendre & sensible,	Un sort depuis un an
Et se plaît à faire des heureux.	Me réduit à la gêne.
	Ah ! rendez-moi la liberté.
Pourquoi cette captivité ?	
Moi, vous rendre la liberté,	Cavalier bienfaisant, &c.
Rendez-vous plus intelligible.	

(*Voyez la partition.*)

CLÉOFAS *interdit.*

L'étonnante aventure, il en faut voir la fin ; elle m'intéresse. En quel lieu êtes-vous, malheureux prisonnier ? Comptez sur mon secours, mais expliquez-vous sans mystere. Le hazard ne m'a pas amené ici pour vous nuire ; si vous le croyez, je m'en éloignerai dès que j'en connaîtrai la sortie.

ASMODÉE.

Gardez-vous, Seigneur, d'en sortir sans moi, vous le pourriez difficilement, & vos jours seraient en danger ? La liberté que je vous demande peut faire votre bonheur. Apprenez que celui qui vous parle est un malheureux génie, détenu depuis un an dans un vase par un enchantement qui ne peut être détruit que par la main d'un amant traversé dans un amour, & cependant constant & respectueux. Seriez-vous ce prodige ? Vous vous taisez, est-ce par modestie ?

CLÉOFAS.

Cela se peut, Seigneur Génie.... cette aventure est incroyable ! Je ne serais cependant pas fâché de faire votre connaissance. (*à part.*) C'est quelque extravagant à qui la chimie aura tourné la cervelle... (*haut*) & qui vous a réduit à cette cruelle situation.

ASMODÉE.

Le célèbre magicien Méromecas Négromancien, Astrologue fameux, grand Chimiste, c'est lui qui a la direction des Eclipses apparentes en Europe. Il en parut une dans votre jeunesse qui fit extravaguer plus de vingt millions d'ames. Je m'avisai par espièglerie de troubler son effet en faisant un trou à la Lune ; la vengeance de ce cruel magicien sût m'en punir, il m'attira dans un de ces piéges par l'effort de son art ; quoi que je sois invulnérable, il veut me décomposer à petit feu, mes supérieurs & les siens lui ont accordé deux ans pour achever l'œuvre. Je résiste en Diable, mais je souffre en mortel.

CLÉOFAS.

Je vous plains. Rien n'est (*à part*) plus étonnant. Il est malheureux que le sort vous ait amené un cavalier difficile à persuader. Je voudrais pouvoir ajouter foi à ce que vous me dites, cela distrairait mon ennui ; Seigneur Génie, ou, qui que vous soyez, vous ne réussirez ni à m'amuser, ni à m'intimider, ainsi je vais vous quitter.

ASMODÉE.

Me quitter ! Je puis vous en défier. Vous ne sortirez pas d'ici sans moi, vous dis-je ; votre intrépidité m'intéresse ainsi que votre situation. Je présume que vous aimez, & vos plaintes parvenues jusqu'à moi.....

CLÉOFAS.

Comment ! Seriez-vous le génie protecteur des amans ?

ASMODÉE.

Vous l'avez dit, c'est sur les affaires de cœur que je me sauve. Je suis le lutin qui fait donner tant de maris au Diable. Les poëtes m'appellent *Cupidon*, c'est mon nom de guerre : vous arrivez fort à propos pour me tirer de l'esclavage, car je suis le sujet de l'enfer le plus laborieux. Ecoutez le détail que je vais vous faire & jugez-en.

ARIETTE.

D'un mariage ridicule
Je suis le négociateur ;
J'unis le barbon crédule
Au jeune tendron séducteur.
Je suis l'ame de la folie,
Paris est ma résidence,

ACTE SECOND.

Protecteur de la Comédie,
De la musique & de la danse,
Je possède les procureurs,
Les avocats & les plaideurs.
J'inventai le 30 & quarante,
Le Lansquenet & vingt & un ;
Financier, femme galante
Me rendent hommage en commun ;
Bagatelles, Carousels & modes,
Colifichets, pagodes,
Jardins d'un goût nouveau,
Tout cela part de mon cerveau.

Je me mêle aussi des intrigues des Cours, je m'insinue dans le Conseil des Princes. J'anime les Ministres, je forme les ligues ; j'excite les soulévemens dans les Etats ; j'allume le flambeau de la guerre, & la jalousie chez les femmes : Oh ! je ne suis pas un fainéant ; en un mot, je suis Asmodée surnommé *le Diable boiteux*.

CLÉOFAS.

Voilà bien de la besogne, Seigneur Asmodée ; mais depuis votre captivité, les détails dont vous êtes chargé, n'ont-ils pas un peu langui ?

ASMODÉE.

Pas trop, j'ai des Commis intelligens. Mais, par grace, tirez-moi d'ici.

CLÉOFAS.

Très-volontiers. Mais comment aurai-je ce pouvoir, moi qui ne suis rien moins que magicien, puisque vous ne l'avez pas, tout Diable que vous êtes ?

ASMODÉE.

Un Diable emprisonné est moins puissant qu'un homme libre. Notre pouvoir a des bornes : mais si ma délivrance est en vous, me promettez-vous votre secours ?

CLÉOFAS.

De bon cœur. Cependant je ne vous cacherai pas que la singularité de mon aventure m'inspire quelque défiance. Qui m'assurera que vous n'êtes pas un mortel ainsi que moi, retenu en ce lieu pour une cause très-naturelle ? Vous ne m'avez encore parlé que de vos malheurs, de vos occupations diaboliques : ne vous reste-t-il aucun moyen de manifester votre puissance ? N'est-il pas possible de voir quelques effets persuasifs de votre capacité ? j'en exige d'évidens ; & je suis prêt à vous servir.

ASMODÉE.

Seigneur, vous me parlez en brave Chevalier ; & je vais vous parler en bon Diable. Je suis encore détenu pour un an : vous êtes le premier mortel qui ait osé pénétrer jusqu'ici depuis ma captivité. Le destin s'est sans doute laissé toucher par mes pleurs ; & c'est sous son heureux auspice que vous êtes parvenu en ce lieu redoutable. Employez-vous pour moi ; un refus peut vous perdre : je ne serai pas toujours enchaîné. Et si vous me refusez, je me verrai par état forcé à la vengeance : je suis le plus vindicatif des Diables. Ainsi, croyez-moi, soyons amis. Vous exigez d'avance des preuves de mon pouvoir. Vous en aurez : mais engagez-vous par serment à me procurer ma liberté. Je vous en donnerai le moyen : l'instant est favorable. Mon tyran est allé prendre du repos. Il me veille & me tourmente depuis un an, jour & nuit, sans relâche : son sommeil sera long.

ACTE SECOND.

CLÉOFAS.

Vous piquez mon intrépidité. Oui, je vous servirai ; j'en fais le serment : Et puissai-je devenir le plus infortuné des amans, si je m'y refuse ! mais comment vous découvrir ? vous dites que vous êtes détenu dans un vase, seroit-il possible ? d'ailleurs, en voilà beaucoup. Comment deviner celui qui vous renferme ?

ASMODÉE.

Rien de plus facile. Armez-vous de votre épée, & touchez l'un après l'autre tous les vases que vous voyez sur ces fourneaux ; cet attouchement d'un mortel me rendra à l'instant partie de mon pouvoir : je devinerai sur l'heure les anecdotes les plus secretes de votre vie.

CLÉOFAS.

Je vais vous obéir.

Cléofas touche de son épée tous les vases qui sont sur les fourneaux, & dès qu'il parvient à celui qui renferme Asmodée, le Génie dit d'un ton d'oracle :

ASMODÉE.

Cléofas est ton nom,
Don Carlos fut ton pere ;
Et c'est avec raison
Que Léonor t'est chere :
Son portrait qu'en ton sein
Tu portes en tous lieux,
Est le gage certain d'une rare constance ;
Et pour prouver ici mon pouvoir à tes yeux,
Regarde ce portrait & connais ma puissance.

CLÉOFAS.

Quel prodige ! ce portrait s'agite sur mon cœur.

Il tire le portrait de Léonor qu'il a dans son sein ; & dit en le regardant :

Qu'ai-je vu ? Léonor mourante dans les bras d'un Pere.

Ce tableau est figuré, & doit rappeller aux yeux de Cléofas & au Public l'action qui s'est passée quelques heures avant, au quinque du Ier Acte.

ASMODÉE.

Cléofas, ne craignez aucunement pour les jours d'une amante. Son pere ne l'a pas immolée à sa colere. Octavio votre rival est la seule victime d'un odieux artifice qu'il employoit contre vos jours, & contre l'honneur de Léonor.

CLÉOFAS.

Octavio ! quelle lumiere affreuse ! Etre surnaturel, ordonnez, disposez de mon bras, de ma vie ; je suis prêt à tout entreprendre pour vous délivrer, que faut-il faire ?

ASMODÉE.

Vous trouverez près de ces fourneaux une massue, prenez-la ; & brisez le vase qui me contient : ne redoutez rien de l'effet. Je paroîtrai sur-le-champ ; & pour le moindre gage de ma reconnaissance, je vous promets Léonor dès ce jour.

CLÉOFAS.

Que ne peut sur moi cette promesse !

Cléofas prend la massue & brise le vase. Asmodée en sort sous la forme du Diable boiteux. Il est à propos de lire

ACTE SECOND.

le conte pour le costume qui dépend plus ou moins du goût de l'Actrice. Son apparition est précédée de vapeurs enflammées, &c. La machine demande un machiniste intelligent. Asmodée reparoît à la fin de la piece sous la figure de Cupidon.

Cléofas reste comme interdit à son aspect. Asmodée doit chanter avec la plus grande vivacité son ariette pour exprimer le plaisir d'être libre & le desir d'aller faire de nouvelles fredaines.

ARIETTE d'ASMODÉE.

Quelle reconnaissance !
Cavalier généreux.
Oui, pour ta récompense,
Je comblerai tes vœux.
Sui-moi, le tems s'envole ;
Sui-moi, que tardes-tu ?
Un moment de perdu
Montre un amant frivole.
~~Tu fais un vol à l'amour~~
~~En perdant un instant du jour ;~~
~~Je ne peux te payer par l'immortalité,~~
~~Mais je veux m'acquitter par ta félicité.~~

CLÉOFAS.

Oui, je vous suis, mon Protecteur : pardonnez à ma surprise, si j'ai paru interdit à votre aspect ; je vous suis : mais ne redoutez-vous plus rien du magicien ?

ASMODÉE.

Il a perdu ses droits sur moi. Le destin ne lui donnoit qu'un pouvoir que vous avez détruit. C'est moi qui suis son tyran actuellement ; & j'aurai ma revanche : je veux qu'il dorme au moins un siecle. Mais, partons de ce pas ; je vais pour essai de ma science vous faire voyager dans une partie de l'Europe. Que ferions-nous d'ici au jour ? nous avons six heures que nous pouvons employer agréablement. Je vais vous transporter à Paris au bal de l'Opéra : j'y reprendrai d'un coup d'œil connaissance d'une partie de mes détails ; delà nous reviendrons à Madrid, & nous employerons bien la fin de la journée. Vous rêvez.

CLÉOFAS.

Oui, j'éprouve un sentiment inquiet.

DUO.

Cléofas.	Asmodée.
L'état de Léonor m'accable,	N'en craignez rien, foi de Diable,
Son pere est inexorable.	Je vous le rendrai traitable.
Dois-je trembler pour les jours	Reposez vous sur mon secours,
De ce que j'aime & que j'adore ?	Elle vous aime & vous adore.
Si je la revois aujourd'hui,	Vous la reverrez aujourd'hui
Rien à mon sort n'est comparable.	Dans ce voyage agréable.
Je trouve un Diable secourable,	Je vous promets, foi de Diable,
Et je m'abandonne à lui.	De divertir votre ennemi.

Ils partent tous deux par un vol simulé ou en nature. La Musique l'indique.

Fin du second Acte.

ACTE III.

SCENE PREMIERE.

CLÉOFAS, ASMODÉE.

Le Théatre repréfente l'appartement de Cléofas; ils arrivent par le vol qui les a emmenés, ou par la trape. --- ad Libitum.

ASMODÉE.

EH! bien, Seigneur Cléofas, convenez que vous n'avez jamais voyagé si vîte. Nous avons été bien servis?

CLÉOFAS.

Seigneur Asmodée, j'avoue qu'il n'y a pas de route plus agréable qu'une route diabolique; je ne l'aurois pas cru; je n'en ai jamais trouvé de mieux servie; & ne puis encore revenir de tout ce que j'ai vu dans si peu de temps.

ASMODÉE.

L'agrément du bal est de n'être pas connu; nous en avons joui. Vous avez inquiété quelques jolis masques. Je vous avois mis au fait de nombre d'intrigues galantes de cette superbe Capitale; en avez-vous profité? Il ne falloit rien moins qu'un modele de fidélité comme vous pour résister aux agaceries de tant de belles. La constance espagnole n'a-t-elle pas un peu chancelé? Ma foi, un Français n'y auroit pas tenu.

ARIETTE de CLÉOFAS.

Oui, dans ces lieux,
Je desirais ma belle;

Du feu de ses beaux yeux,
De la moindre étincelle
Elle eût fait des heureux,
Et mon cœur amoureux
N'eût brûlé que pour elle
Dans ces beaux lieux.

ASMODÉE.

Si tous les amans étaient de votre étoffe, le Diable serait bien attrapé. Je quitterais le métier; il n'y aurait pas de l'eau à boire : les Espagnols me ruinent par leur constance, mais les Français m'indemnisent. Maintenant, il faut nous donner le plaisir de jouir de l'étonnement de vos gens; votre valet Lazarille a porté le trouble dans votre maison; on vous croit perdu; il faut les tirer d'inquiétude : delà nous volerons chez Léonor. Je vous permettrai de la voir, sans lui parler toutefois.

CLÉOFAS.

Comment ! Seigneur, sans lui parler !

ASMODÉE.

Cela est essentiel : reposez-vous sur moi, vous dis-je. M'apprendrez-vous à conduire une affaire de cœur ? la journée ne se passera pas sans qu'elle soit votre femme. Mais il faut que la haine que son pere a pour vous, disparoisse à l'aspect de la vérité, & soit remplacée par une sincere & durable amitié : je veux que votre rival & l'infidelle gouvernante qui vous ont trahi, deviennent les honteuses victimes de leurs noirs projets, & servent eux-mêmes à votre bonheur. En attendant, je vais appeler vos gens; je veux me donner le plaisir de jouir de leur surprise, sans être vû.

Asmodée frappe de sa béquille. L'on entend un bruit de sonnettes qui appelle les gens de Cléofas; le morceau commence de la coulisse à droite.

ACTE TROISIEME.

Morceau d'ensemble, entre Cléofas, le Cuisinier, le Cocher Lazarille & deux femmes de la maison de Cléofas. Lazarille n'entre que le dernier à la replique que la musique indique.

SCENE II.

CHŒUR DE VALETS, (*en dedans le commencement.*)

On y va. Qui va-là ?
On y va. Qui va-là ?
On sonne chez notre maitre.
Vois donc qui se peut être ;
L'appartement est fermé,
Qui peut avoir pénétré ? (*ils entrent tous.*)
Ah ! Ciel !

Ensemble. {
C'est lui, c'est notre cher maitre
Que nous avons cru perdu.
A nos vœux il est rendu.

CLÉOFAS.
Où Lazarille peut-il être ?

TOUS.
Hélas ! il est mort peut-être.

LAZARILLE, *accourant.*
Quel carillon ! Ah ! Monseigneur !
Ah ! permettez à mon cœur
De vous prouver sa tendresse
En fidèle serviteur.

ENSEMBLE.
Notre espoir vient de renaitre.

CLÉOFAS.
Qu'il est doux pour un bon maitre
D'être entouré du bonheur !

ASMODÉE DIABLE BOITEUX,

TOUS.

Livrons-nous à l'allégresse.
Ah! permettez à nos cœurs
De vous prouver leur tendresse
En fidèles serviteurs.

Asmodée n'est pour rien dans ce morceau, & est censé invisible.

CLÉOFAS.

Mes enfans, je suis sensible aux marques d'attachement que vous me donnez; je vous dédommagerai de l'inquiétude que mon absence vous a causé.

Pendant que Cléofas dit ces mots, Asmodée touche les valets de sa béquille, qui aussi-tôt se trouvent une bourse en main. Ce jeu doit être varié par différentes surprises & faire tableau. Cléofas est étonné de son côté & témoigne ses remerciemens à Asmodée qui n'est censé visible que pour lui. Les valets sont confus des politesses du Maître qu'ils prennent pour eux.

LAZARILLE, *tenant la bourse.*

Ah! mon généreux Maître, je vous reconnois bien là.

LE CUISINIER, *la bourse en main.*

Seigneur, vous pouvez être certain que notre amitié est au feu d'enfer.

LE COCHER.

Pour moi, mon cœur se mettroit à toute bride; mon zèle ventre à terre. Il n'y a pas de cheval d'Andalousie plus ardent à vous servir, que votre fidele serviteur *la Croupiere.*

CLÉOFAS.

ACTE TROISIEME.

CLÉOFAS.

Je n'en doute pas. Sortez, mes enfans ; demeure, Lazarille. *(ils sortent.)*

SCENE III.

LAZARILLE, CLÉOFAS, ASMODÉE.

LAZARILLE.

Maintenant que nous sommes seuls, il faut que je vous gronde. Eh ! bien, m'en croirez-vous une autre fois. Non.... j'étois un poltron & bien m'en a pris; mais quel Diable vous a tiré de là ?

CLÉOFAS.

Tu l'as deviné, Lazarille. Le Diable s'en est mêlé. Ignores-tu qu'il est à mes ordres ?

LAZARILLE.

Tout de bon ? Et depuis quand avez-vous fait sa connoissance ?

CLÉOFAS.

Depuis long-temps je suis son protégé; il ne m'abandonne point dans les dangers.

LAZARILLE.

Oh ! si j'avois su cela, je ne vous aurois pas quitté. Et comme je vous aurois secondé, une... deux.... Ah ! Ah !.... *il s'escrime en Brave.*

CLÉOFAS.

Il m'a suivi, je l'attens, tu vas le voir.

LAZARILLE.

Non pas, s'il vous plaît, je n'aime pas les nouveaux visages. *Asmodée paroît.* Mais, Ciel ! *(à Cléofas.)*

En voici un qui n'est pas de mode. Quel est cet Etranger ? a-t-il quelque chose à vous dire ? suis-je de trop ? Je me retire.

ASMODÉE.

Demeure, mon enfant, ne crains rien. Il faut qu'il soit des nôtres, Seigneur Cléofas.

CLÉOFAS.

Sans doute ; suis-nous, Lazarille ; tu verras ton Isabelle.

LAZARILLE.

Mais n'y a-t-il rien à craindre ? elle m'a défendu de m'exposer.

Asmodée les enveloppe de sa mante & les entraîne dans la coulisse d'où le vol part. Lazarille crie :

A l'aide !

SCENE IV.

La décoration change & laisse voir l'appartement de Léonor, sur un sopha entouré de ses deux femmes. Dans le commencement du morceau qu'elle chante, l'on doit découvrir dans l'un des dessus de porte de l'appartement, les trois Acteurs précédens ; Cléofas, Asmodée, & Lazarille qui quitte le dessus de porte à la fin du morceau lent que chante Léonor.

LÉONOR *à ses femmes*.

EH ! pourquoi m'avez-vous rappellé à la vie ? c'est prolonger ma peine.

TRIO. *Léonor commence.*

Non, plus de bonheur pour moi,
Je perds un amant que j'adore ;
Cléofas, je vivais pour toi.

ACTE TROISIEME.

Juſte Ciel ! ah ! je t'implore,
Que la Parque cruelle
Qui le prive du jour,
En la nuit éternelle
Emporte mon amour.

2 Femmes.

Conſervez-vous pour lui
D'un pere qui vous aime,
La tendreſſe aujourd'hui
Fera taire la haine.

1re. Iſabelle.

Il voit encor le jour ;
Non, la Parque cruelle
D'une vie auſſi belle
N'a pas tranché le cours.

Iſabelle & la 2ᵉ Femme.

Livrez-vous à l'eſpérance,
L'amour a ſu le ſauver ;
Et le prix de ſa conſtance
Sera de vous poſſéder.

Léonor.

Je me livre à l'eſpérance,
L'amour a ſu le ſauver ;
Et le prix de ſa conſtance
Eſt de vivre pour m'aimer.

Da Capo, &c.

SCENE V.
LAZARILLE, LÉONOR, ISABELLE, & la seconde FEMME.

ISABELLE.

MA chere Maîtresse ! suis-je bien éveillée ? ne vois-je pas Lazarille ?

LAZARILLE.

C'est lui-même toujours aussi vaillant qu'amoureux.

LÉONOR.

Que fais ton Maître ? Ses jours sont-ils en sûreté ? Comment as-tu fait pour parvenir en ce Palais ?

LAZARILLE.

Nous avons un passe-partout. Soyez tranquille, Mademoiselle, votre bonheur approche. Mon Maître est plein de santé ; il vous voit en ce moment ; il vous entend ; mais il lui est défendu de vous parler avant qu'il ne vous obtienne de l'aveu de votre pere.

LÉONOR.

Il me voit, dis-tu ? il m'entend, mais comment se pourroit-il ? explique-toi donc ?

LAZARILLE.

Vraiment cela vous étonne, je le crois bien. Apprenez que mon Maître a fait cette nuit connoissance d'un Génie bienfaisant ; c'est celui qui fait les mariages ; il nous a transportés ici tous deux dans une fusée volante ;

ACTE TROISIEME.

pour vous persuader de ce que je dis, voilà une lunette enchantée que mon Maître vous envoye, qui a la vertu de rapprocher les amans; servez-vous en & regardez ce dessus de porte, vous y verrez mon Maître; mais gardez-vous de lui parler.

LÉONOR.

Quel conte me vient faire cet extravagant !

LAZARILLE.

Extravagant ! il est vrai qu'il y a de l'extravagance d'exiger qu'une femme se taise avec son amant. Eh ! bien, ne m'en croyez pas. Tiens, Isabelle, fais l'épreuve de la lunette. Adieu, Mesdames, dans deux heures vous aurez chacune un mari.

Il sort & va reprendre sa place dans le dessus de la porte.

SCENE VI.

ISABELLE, LÉONOR, DON LOUIS.

ISABELLE.

MAdemoiselle, si Lazarille extravague, je suis tentée d'extravaguer aussi. J'ai un joyeux pressentiment qui me dit de faire l'épreuve de cette lunette. Il faut, dit-il, regarder ce dessus de porte. Eh ! bien, regardons.... ma chere Maîtresse, il a raison, je les ai vus, ce sont eux.

LÉONOR.

Seroit-il possible.... donne, je veux. Mais j'entens quelqu'un. Ah ! mon pere.

Asmodée a quitté le dessus de porte à l'entrée de D. Louis.

SCENE VII.

Pendant cette scène Isabelle regarde de temps en temps le dessus de porte & Lazarille lui fait des mines. Cléofas est encore dans le dessus de porte avec lui, & n'en sort qu'à la fin de l'ariette de D. Louis avec Lazarille.

Dn. LOUIS.

Ma fille, cet accueil est bien doux pour moi; je ne devois pas m'y attendre après ce qui s'est passé. L'excès de ma colere a peut-être porté ma vengeance trop loin. Cependant on doit vous avoir appris que ma pitié avoit fait donner des secours au séducteur; je n'ai pas voulu le voir, mais il vit: & c'est peut-être plus à votre amour pour lui qu'à la nature que je dois vos caresses.

> Pour me prouver votre tendresse
> Etouffez un coupable amour.
> De ma défaillante vieillesse
> Voulez-vous abréger le cours ?
> De Cléofas tout vous sépare ;
> Son pere a causé mon malheur :
> Le sentiment qui vous égare
> Ne fera point changer mon cœur.
> D'un pere tendre qui vous aime
> Vous pouvez tout attendre un jour :
> Sachez vous immoler vous-même,
> Etouffez un coupable amour.

Avez-vous oublié les maux que le pere de Cléofas m'a causé ? je me respecte trop pour vous les rappeller, qu'il vous suffise de savoir qu'il avoit été mon rival : aspirant ainsi que moi à la main de votre belle-mere ; je lui fus préféré par la famille de ma femme ; mais il avoit son cœur en secret. La fidelle Léonarde sa gouvernante m'en avertit trop tard. J'étois époux : ma

ACTE TROISIEME.

femme fit tous ses efforts pour me cacher sa foiblesse; ma jalousie abrégea sa vie & rendit la mienne affreuse.

LÉONOR.

Ah! mon Pere, que votre haine est injuste! je ne vous cacherai pas que Cléofas m'ait fait part des raisons qui vous avoient dès long-temps animé contre sa famille: mais il m'a fait serment que les dernieres paroles de D. Carlos son pere, lui imposoient de vous désabuser, & de vous assurer que l'imposture, la trahison, & votre confiance trompée, étoient la source de vos chagrins. Cléofas en a la preuve: depuis deux ans qu'il perdit son pere, que n'a-t-il pas tenté pour vous fléchir!

Dn. LOUIS.

Non, je n'ai pas voulu le voir. L'expérience m'a fait connoître la fidélité de Léonarde; & je doute que l'on me prouve le contraire.

SCENE VIII.

Un Valet de Dn. LOUIS.

Seigneur, le Cavalier blessé que vous aviez confié à nos soins, est disparu ainsi que votre gouvernante qui le gardoit. Après lui avoir procuré les secours qui le mettoient hors de danger, nous l'avions laissé prendre du repos: après quelques heures, nous lui apportions de nouveaux soins, & n'avons trouvé personne dans son lit ni dans sa chambre. Ce paquet étoit sur la table, je vous le remets. *il sort.*

Dn. LOUIS.

Que peut envelopper ce mystère! c'est Octavio qui m'écrit. *il lit.*

« Si le flambeau de la vérité n'éclairoit mon dernier
» moment, je n'oserois me nommer votre parent;

» je suis dès long-temps indigne de ce nom : une puis-
» sance supérieure me force à rendre justice à l'inno-
» cence accusée. Oui, c'est moi, c'est Octavio votre
» neveu, qui emporté par une passion criminelle pour
» votre respectable Epouse, a causé vos malheurs
» & les siens : une avide Gouvernante a toujours se-
» condé mes projets : la vertu a résisté à la séduction,
» & n'a pu survivre à la calomnie. Votre femme est
» morte innocente. Mes vœux incestueux ont osé as-
» pirer à la possession de Léonor. Ayant découvert
» que Cléofas devoit s'introduire cette nuit dans votre
» Palais, je l'y avois devancé dans l'intention de m'as-
» surer de votre fille sous l'apparence de son amant
» dont la mort aurait caché mon crime. Votre re-
» tour inattendu a fait avorter mes projets. L'obs-
» curité m'a trahie. En favorisant la fuite de Cléofas,
» je suis expirant. Votre colere abusée a laissé échapper
» un amant vertueux ; & le coupable meurt autant des
» remords qui le déchirent, que de sa blessure. N'em-
» ployez aucun moyen pour me trouver dans ce Pa-
» lais ; vos recherches seraient vaines. Votre gou-
» vernante, ma complice, partage mes peines ; &
» est ainsi que moi, dérobée aux regards de l'Univers.
» OCTAVIO ».

Dn. LOUIS à *Léonor.*

Qu'ai-je lu ? Octavio ! mon neveu ! mon enfant ! je vais m'éclaircir d'un événement dont je doute encore. Cette journée n'a été marquée que par des malheurs. Ce sera le terme de tes peines. Que cet instant, où je t'accorde ton amant, ramene la joie dans ton ame, & te rende à ma tendresse.

LÉONOR, *embrassant D. Louis.*

Mon pere ! quoi.... se pourrait-il ?

Dn. LOUIS.

Je te quitte pour un moment. Je vais faire appeler Cléofas,

ACTE TROISIEME.

Cléofas, & ne plus m'occuper que de notre félicité commune.
Il sort.

SCENE IX.
ISABELLE.

MA chere Maîtresse, Lazarille avait raison. J'ai compté les minutes. Nous serons tous contens avant la fin du jour.

ARIETTE de LÉONOR.

Ô! sort prospere
Jour trop heureux!
Un tendre pere
Comble mes vœux.
Il permet à mon ame
De faire l'aveu de la flame,
Qu'allume un amant vertueux, &c.

SCENE X.
Dn. LOUIS, LÉONOR, ISABELLE.

Dn. LOUIS, *à ses gens en dedans*.

REtournez-y sur-le-champ, il faut qu'on le trouve. Ma fille, j'en ai trop appris; il est vrai, mon amitié & ma confiance ont été long-temps trahies: mais la nature m'offre en toi un motif de consolation dans le bonheur que je te prépare. J'éprouve cependant un sentiment inquiet------ *avec sensibilité.* L'on ne trouve pas Cléofas. Se*.....* tremble sur son sort. Ciel! voulez-vous me priver d'un moment *.........* sur la fin d'une

e mêlée de traverses ; & terminez-vous cette journée
r de nouveaux malheurs ?

Ces derniers mots doivent être dits avec effusion d'ame.

LÉONOR, *avec beaucoup de tendresse.*

Non, mon pere, elle sera fortunée, séchez vos larmes ; Cléofas va les tarir par sa présence : mon cœur me l'annonce.

Dn. LOUIS, *avec chaleur.*

Qu'il vienne au plutôt calmer le trouble de mon ame. Le Ciel l'a préservé d'une injuste vengeance ; il doit le rendre à mon repentir sincere.

———————————————

SCENE DERNIERE.

Le changement se fait & représente les jardins d'Asmodée entouré de sa Cour. Il a pris la forme de Cupidon. Cléofas se trouve dans les bras de D. Louis & de Léonor.

CLÉOFAS.

Mon pere ! Léonor ! je vous revois pour ne vous quitter jamais.

LÉONOR.

Cléofas ! j'ai vu pleurer la nature, & l'amour doit essuyer ses larmes.

Dn. LOUIS.

Mes enfans ! quel moment pour mon cœur !

CLÉOFAS.

Nous le partageons. Rendons graces au Génie bienfaisant qui détruit les obstacles qui s'opposaient à notre félicité.... je puis donc vous nommer mon pere.

ACTE TROISIEME.

Asmodée sous la forme de Cupidon descend de sa gloire & avance suivi de sa Cour.

Dⁿ. LOUIS, à Cléofas.

Oui, je le suis. Mais, que vois-je! est-ce un enchantement, mon cher fils? tout ceci n'est pas l'ouvrage d'un mortel. Le respect se joint à la reconnoissance. (*il salue Asmodée.*) Si ce que je vois n'est qu'une illusion, elle est bien flatteuse; mais non! le cœur d'un pere ne se trompe rarement quand il prévoit le bonheur de ses enfans; & si vous n'étiez dignes l'un de l'autre, les dieux parleraient-ils en votre faveur. Ils ont formé vos cœurs pour servir de modele aux amans ~~~~~, & pour la consolation de ma vieillesse. (*il unit ses enfans.*)

CLÉOFAS, à Asmodée.

Léonor, vous êtes à moi. Mon protecteur, vous qui pouvez tout, donnez-moi le moyen de m'acquitter envers vous.

ASMODÉE.

Je crois, Cléofas, que notre journée a été bien employée. A demain vos nôces, j'en ordonnerai la fête.

LAZARILLE, à Asmodée, montrant Isabelle.

Seigneur, la voilà, c'est elle. A propos de nôces, il ne vous en coûtera pas davantage, vous qui tenez la caisse de Cythère.

ASMODÉE.

Tu seras content.

LAZARILLE, à part.

Voilà bien le plus honnête homme de diable que je connaisse.

ASMODÉE, DIABLE BOITEUX.

CLÉOFAS.

Mais oserais-je vous demander, Seigneur, où vous avez envoyé la malheureuse qui fut si long-temps l'instrument de nos peines ?

ASMODÉE.

Vous ne la reverrez plus. Je lui ai fait prendre ma place sur le fourneau ; & je fais souffler le feu par son protégé. Il faut un exemple.

MORCEAU D'ENSEMBLE.

L'Amour triomphe de la haine ;
Il nous rend à jamais heureux.
S'il se plait à causer la peine,
Il nous en récompense mieux.

CLÉOFAS & LÉONOR.

Non, non, jamais d'un feu si beau,
Ce Dieu ne couronna la flame.
Il a lancé de son flambeau
Une étincelle dans mon ame.

ASMODÉE seul.

Pour filer les jours les plus doux,
Amans, voici tout mon sistême :
Etouffez les soupçons jaloux ;
Le bonheur se détruit lui-même.

LE CHŒUR recommence.

L'Amour triomphe de la haine.

FIN du Troisième & dernier Acte.

www.ingramcontent.com/pod-product-compliance
Lightning Source LLC
Chambersburg PA
CBHW070704050426
42451CB00008B/482